8 : Tout pour lui plaire !

Dessins & couleurs
William
Scénario
Cazenove & William

À Wendy et Marine, mes deux tornades adorées qui me donnent toujours autant de crayon à retordre.

Marine : – Dis, Wendy, pourquoi P'pa il dit qu'il y a deux tornades dorées dans son atelier ¿
Wendy : – LOL, ben, je crois que c'est une métaphore, en fait.
Marine : – Une quoi ¿¿¿
Wendy: – Laisse tomber. Il dit juste qu'il nous aime, c'est tout !

Merci à Olivier Sulpice et à sa fine équipe, et un Big Up à Mister Christophe « Gag Hot Brain » Cazenove.

Venez nous rendre visite sur la page officielle Facebook : www.facebook.com/LESSISTERSLABD

La fabrication de cet album répond au processus de développement durable engagé par Bamboo édition. Il a été imprimé sur du papier certifié PEFC.

Retrouvez les sisters sur le blog : http://uadf.over-blog.com/

116, rue des Jonchères - BP 3
71012 CHARNAY-LÈS-MÂCON cedex
Tél. 03 85 34 99 09 - Fax 03 85 34 47 55
Site Web : www.bamboo.fr
E-mail : bamboo@bamboo.fr

PREMIÈRE ÉDITION
Dépôt légal : novembre 2013
ISBN 978-2-8189-2532-4

Printed in France
Imprimé et relié en France par PPO Graphic, 91120 Palaiseau

QUI C'EST QUI APPORTE UNE JOLIE SURPRISE À SA TITE SISTER ?
C'EST DIDI.

REGARDE TOUS CES MAGNIFIQUES DESSINS QUE J'AI FAITS SPÉCIALEMENT POUR TOI.
LA CLASSE, PAS VRAI ?!
PAVÉ

DÉJÀ, ON VA EN METTRE UN À CÔTÉ DE TON POSTER DE BAMBI...
BABI DABADA

ET CES TROIS-LÀ IRONT SUPER BIEN À CÔTÉ DE LA FENÊTRE.

COMME ELLE VA ÊTRE BELLE, TA CHAMBRE, MARINE. T'ES GÂTÉE, TOI.
GÂTÉTOI ?

BOUGE PAS, JE VAIS T'EN FAIRE D'AUTRES... PLEIN D'AUTRES.

ET CELUI-LÀ, JE LE METS, ICI...

ET CES DEUX TROP BEAUX, À LA PLACE DE L'AFFREUX JUSTIN PTIBEUR'.
T'INQUIÈTE, J'EN AI TOUT PLEIN ENCORE.
JE SAVAIS QUE JE LE PAYERAIS CHER UN JOUR.

CAZENOVE & WILLIAM

Y A QUELQU'UN QUI M'A DIT...
...QUE TU M'AIMAIS ENCORE ...

Y A QUELQU'UN QUI M'A...
?!
BEEUUH...

DIS M'MAN ...
...TU SAURAIS PAS POURQUOI IL Y A DES POILS DANS MA CRÈME ?
J'AI L'AIR DE SAVOIR?

J'TE JURE, SAMMIE... C'EST TROP DÉGUEU !
OUAIP! TROP CHELOU !!!
ÇA T'EST DÉJÀ ARRIVÉ CE GENRE DE TRUC ?

CLAIR, C'EST BIZARRE. J'SAIS...
DINGUE

OUAIS... MMM... PEUT-ÊTRE MMM...

JE CROIS QUE J'AI UNE P'TITE IDÉE QUAND MÊME...

NOM D'UNE TOMATE AVARIÉE, ME DITES PAS QUE...

APRÈS PUDUK, C'EST À TOI RAMOLLO...
...UN PEU DE CRÈME COMME HIER ET VOUS AUREZ UN BEAU TEINT DE NOYAU DE PÊCHE.

CAZENOVE & WILLIAM

ÂNE
1+1=5

LE PLUS DUR DANS MON QUOTIDIEN DE GRANDE SISTER...
QU'EST-CE QUE TU FABRIQUES, MARINE ? T'ES PAS BIEN RÉVEILLÉE ?
SI POURQUOI ?
HIT
GIRL

C'EST DE SE FARCIR LA LOGIQUE TOUTE PARTICULIÈRE DE MARINE...
JE TARTINE DES DEUX CÔTÉS. COMME ÇA, MES DENTS DU HAUT ET DU BAS PROFITENT EN MÊME TEMPS DE LA CONFITURE.
HIT
GIRL

UNE LOGIQUE À TOUTE ÉPREUVE...
WENDY, TU VIENS AVEC MOI CHERCHER LE BALLON ? IL EST TOMBÉ DE L'AUTRE CÔTÉ DE LA ROUTE...
GENRE, T'AS BESOIN DE MOI POUR ÇA, MAINTENANT ?

CARRÉMENT !!! COMME ÇA, SI UNE DE NOUS DEUX SE FAIT ÉCRASER L'AUTRE POURRA RAMENER LE BALLON.

JE DORS PAR TERRE. COMME ÇA, LE MATIN MON LIT EST DÉJÀ FAIT, HI HI.
'PORTE QUOI !

MAIS LÀ... LÀ... ELLE A BATTU TOUS LES RECORDS...
WENDY, JE VIENS DE PENSER À UN TRUC TROP BÊTE...
ÇA VA M'CHANGER, TIENS.

JE TROUVE NULLOS QU'ON A TOUTES CES ANNÉES D'ÉCART...
...PASSK'APRÈS ON N'AIME PAS LES MÊMES JEUX, LES MÊMES FILMS, TOUT ÇA ...

ON N'A QU'À FÊTER MON ANNIVERSAIRE TOUS LES MOIS, COMME ÇA DANS PAS LONGTEMPS ON AURA LE MÊME ÂGE ! GÉNIAL, NON ?!
ENCORE UNE GROSSE MIGRAINE QUI S'ANNONCE.

CAZENOVE & WILLIAM

WAW!

PURÉE. T'ES KRO BELLE, WENDY.
AH... HEU... BEN, MERCI MARINE.
ARCHI BIO TIFOUL, MÊME.

J'ADOOORE TA COIFFURE BRILLANTE ET TOUT.
T'AS TROP LA CLASSE.

T'ES LA PLUS CANON DE TOUTES LES SISTERS DU MONDE.

T'ES LA PLUS JOLIE DE TOUT L'UNIVERS DE LA GALAXIE.

?!

QUOI? QU'EST-CE QUE T'AS ENCORE ???

C'EST QUAND TU VEUX QUE TU ME DIS QUE JE SUIS JOLIE AUSSI ...
ESPÈCE DE GOÏSTE !

CAZENOVE & WILLIAM

LA FENÊTRE DE LA CHAMBRE DE POLLY S'OUVRE DANS UN GRINCEMENT SORDIDE...
RONFL

... LAISSANT PÉNÉTRER UN SOUFFLE GLACIAL QUI PETIT À PETIT PREND FORME HUMAINE...

C'EST LA TERRIFIANTE MOMIE WAZARO LINSTONE ...

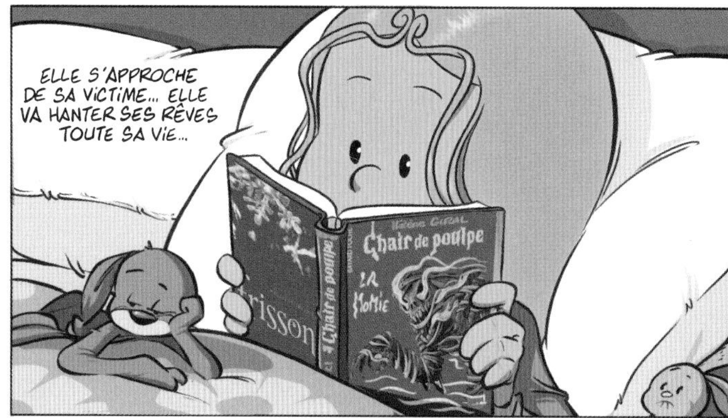
ELLE S'APPROCHE DE SA VICTIME... ELLE VA HANTER SES RÊVES TOUTE SA VIE...
Chair de poulpe
LA Momie
Frisson

MARINE. TU DEVRAIS ARRÊTER DE LIRE CES LIVRES D'ÉPOUVANTE...

POURQUOI, M'MAN ? C'EST POUR LES ENFANTS, CEUX-LÀ.
OUI, MAIS ÇA PEUT QUAND MÊME PERTURBER LE SOMMEIL.

MAIS NON, J'AI PAS PEUR. ET PUIS CE SONT QUE DES HISTOIRES, T'SAIS... C'EST POUR DE FAUX.

JE NE PARLAIS PAS DE TOI...
CLAC
CLAC
CLAC
... OU ALORS, TU ARRÊTES DE LIRE À VOIX HAUTE.

CAZENOVE & WILLIAM

T'ES PRÊTE, MARINE ???
ARCHi MÉGA PRÊTE !!!

OUCH
OUCH
OUCH

ARF
ARF
ARF

VACH, ELLE VA SUPER VITE !!!

HOP
HOP
HOP

YYYYEHAA...
OUCH !

NOUVEAU RECORD DU MONDE DU LANCER DE CÂLIN !
YES !
LOL ! ON EST LES MEILLEURES !!!

CAZENOVE & WILLIAM

AYAYAAAAAA...

HONK HONK HONK
SHAKA SHAKA PONK HONK...
C'EST MOI KING KONG!
GRROOOARR...

YEHAAAAA...
OUAH HA ! COMME ELLE S'ÉCLATE LA SISTER À L'ACCROBRANCHE !
AH AH
CLAIR ! UN VRAI SINGE.
MAIS JE PIGE PAS... POURQUOI T'Y VAS PAS, TOI ?

HOULÀÀÀ...
J'AI BESOIN DE TOUTE MON ÉNERGIE POUR TOUT À L'HEURE, T'SAIS...
TON ÉNERGIE ???

BILIIIIII
?
AH, D'AILLEURS, C'EST MÊME POUR TOUT DE SUITE.

MARIIIINE... DESCENDS !!! ON DOIT Y ALLEEEER.

ALORS, MAX, TU VOIS POURQUOI J'AI BESOIN DE TOUTE MON ÉNERGIE MAINTENANT ?!
LÂCHE MOI !
LÂCHE MOI !
RAAAH...
J'VEUX RESTER !
ALLEZ, SHUSS, À DEMAIN.

CAZENOVE & WILLIAM

WAW!
ET C'EST TOI
QUI AS FAIT TOUT
ÇA, WENDY
?!
OUAIP!
J'AI BOSSÉ,
TU VOIS.

ON VA ALLER AUX USA
AVEC MES PARENTS, ALORS
J'AIMERAIS ME FAIRE UN PEU
D'ARGENT DE POCHE POUR
RAMENER QUELQUES
SOUVENIRS.
T'AS
RAISON.

DU COUP, JE VENDS
DES DESSINS... NOIR ET BLANC
OU COULEUR, C'EST
PLUS CHER.
LA
CLASSE
!!!

DES COLLIERS,
DES BRACELETS
FAITS AVEC DES
P'TITS CAILLOUX
COLORÉS...
TROP
COOL!
LE PLUS
HARD, C'EST
DE LES
PERCER SANS
LES CASSER.

...DES FIGURINES
EN PÂTE À SEL...
J'AI SCULPTÉ
PENDANT DES
HEURES.
LÀ,
C'EST
CATWOMAN...

ET PUIS QUELQUES
PHOTOS DES FLEURS
DU JARDIN.
LE
TOP!
CELLES EN
NOIR ET BLANC
SONT PLUS
CHÈRES.

PFFF, TU PARLES.
POUR L'INSTANT
ÇA M'A RAPPORTÉ
5 EUROS À PEINE.

BEN, TU DEVRAIS
PEUT-ÊTRE ESSAYER
D'EN VENDRE À
D'AUTRES PERSONNES
QUE TA SISTER...
MMM...
TU CROIS
???

CAZENOVE & WILLIAM

QU'EST-CE QUE JE POURRAIS FAIRE COMME BOULOT GÉNIAL QUAND J'HABITERAI AUX USA ?

STAR DE CINÉMA...
CLASSIQUE, MAIS ÇA M'IRAIT BIEN.
HOLLYWOOD
PRODUCTION BAMBOOLLYWOOD
DIRECTOR OLIVIER SULPICE
CAMERA GREG NEYRET
DATE SCENE TAKE
7/7/7 7 7
MOVIE: WENDY'S FIGHT

OU LEADER D'UN GROUPE DE MÉTAL...
WAH... LES CONCERTS D'ENFER !

OU FEMME D'AFFAIRES À LA TÊTE D'UNE MULTINATIONALE, ÇA AUSSI, JE KIFFERAIS.
10%
45%
25%

HOP! À MOI LE JOURNAL D'INTIME.
YEEAH!

FINALEMENT, JE L'AI TROUVÉE, MA VOCATION...
ÉLEVEUSE DE BÉTAIL !
MMEEEUUH... J'AI RIEN FAIT...

CAZENOVE & WILLIAM

DiS WENDY…
ELLE N'EST VRAiMENT PAS BRONZÉE, TA SiSTER, C'EST ZARBY.

LOL NORMAL, ELLE S'AGiTE TELLEMENT QUE LE SOLEiL N'A MÊME PAS LE TEMPS DE LA TOUCHER.

CAZENOVE & WiLLiAM

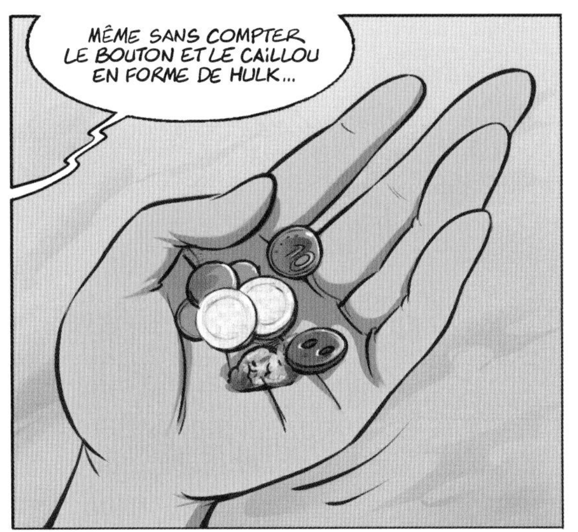
MÊME SANS COMPTER LE BOUTON ET LE CAILLOU EN FORME DE HULK...

... ON A QUAND MÊME ASSEZ DE SOUS POUR S'ACHETER DES BONBONS.
MAIS ON NE PASSE PAS PAR LE PARC AVANT.
— OK ?!

TU TE RAPPELLES QU'À CHAQUE FOIS C'EST PAREIL...
" ON JOUE COMME DES FOLLES "

...ON PAUME NOS SOUS...
...ET ADIEU LES BONBONS.

T'AS RAISON, MARINE, ON DESCEND DIRECTEMENT JUSQU'À LA BOULANGERIE.
À NOUS LES CHINGOMS AU COCOLA...
LES MACHOUILLIS À LA FRAISE...
MIAM MIAM

PRÊTE, LOULOU ?
ARCHI PRÊTE, COMME D'HAB.

À NOUS LES BONBECS !!!
BONK !
RE BONK !
VROUM !
WATTERSON MOBIL

CAZENOVE & WILLIAM

Jaune
WAH... IL EST TROP D'ENFER, MON NOUVEAU PORTABLE.
J'LE KIFFE !!!
T'AS PRIS LE PLUS JOLI DU MAGASIN, AUSSI.

J'ENVOIE UN TEXTO À SAMMIE POUR LE LUI DIRE...
ROOH... TU ME LAISSES FAIRE, STEUPLÉ STEUPLÉ STEUPLÉ!
12 JUIN
HAKA PONK
MILLAU

GENRE, TU SAIS ENVOYER DES TEXTOS, TOI ?
KESS TU CROIS!
JE VIENS PAS DE LA PLANETTE NEU NEU.

D'ABORD, JE BIDOUILLE DANS L'HEUREUX PERTOIRE...
JE SÉLECTIONNE, VOILÀ, LÀ, C'EST SAMMIE, OK...

APRÈS, JE TAPE MON TIT MESSAGE ...
ET J'AI MÊME LE DROIT DE FAIRE DES FAUTES.
C'EST MÊME CONSEILLÉ.

JE PRENDS MON ÉLAN EEEET...
J'ENVOIE !

RENDS-LE-MOI, ESPÈCE DE MALADE !!!
QUOI, C'EST BON, JE BLAGUAIS, PFFFF...
MUHA HA AH
CHOP!

TU PEUX NOTER, LOULOU ...
... PLUS ON GRANDIT MOINS ON A LE SENS DE L'HUMOUR.

CAZENOVE & WILLIAM

ALORS, DÉPÊCHE... VIIITE...
OUI OUI, MINUTE, EMMA, IL EST BLINDÉ, CE COLIS.

WAAAH ! D'ENFER LA FIGURINE.
C'EST LA FÉE WATERPOUFFE ROOOH... TROP BELLE.

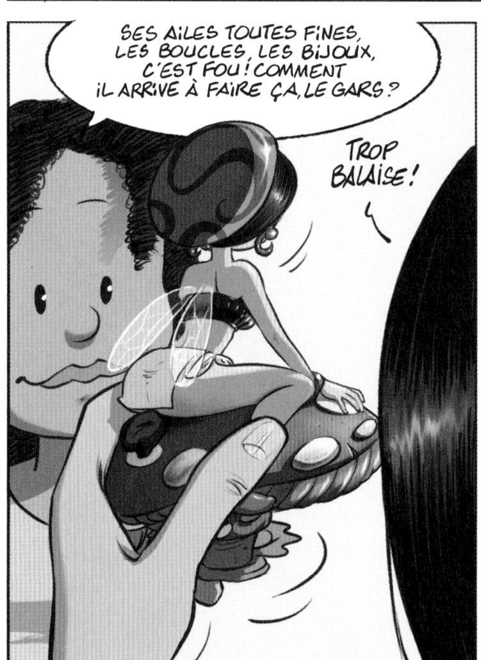
SES AILES TOUTES FINES, LES BOUCLES, LES BIJOUX, C'EST FOU ! COMMENT IL ARRIVE À FAIRE ÇA, LE GARS ?
TROP BALAISE !

J'ADOOOORE LE CHAMPI... ON EN MANGERAIT.

ON DIRAIT QU'ELLE VA PARLER, C'EST FOU, NAN ?!

D'ABORD, LA METTRE EN LIEU SÛR... C'EST TELLEMENT FRAGILE, CES BIDULES.

VOILÀÀÀ... TU SERAS SUPER BIEN ICI, JOLIE FÉE.
HEU... ON EST DANS LA CHAMBRE DE TA SISTER, LÀ ?!

EN FAIT, JE RANGE TOUT CE QUI EST FRAGILE ICI...
ÇA ÉVITE QUE MARINE ME LES CASSE EN ME LES PIQUANT.

CAZENOVE & WILLIAM

SI JE VEUX ME FAIRE UNE CAGNOTTE POUR LES USA, FAUT QUE JE ME BOUGE, MOI...

ÇA DOIT PAS ÊTRE COMPLIQUÉ DE FAIRE DES TABLEAUX... ET JE POURRAIS ALLER LES VENDRE SUR LES MARCHÉS...

NAZE COMME IDÉE... MA GUITARE, VITE.

HIGHWAY
TO
HELL
OH YEAAAH

BON, ÇA NON PLUS...
GNNIIII...

PFFFF... DOIT BIEN Y AVOIR UN TRUC QUE JE SAIS FAIRE MIEUX QUE TOUT LE MONDE...

PURÉE ! MAIS BIEN SÛR !
PAF !
QUE J'SUIS BÊTE !

PAPA CHÉRI D'AMOUR QUE J'ADORE TROP...
TU PEUX ME DONNER DES SOUS, STEUPLÉ ?

CAZENOVE & WILLIAM

STOOOP !
ÇA SUFFIT !

T'ES VRAIMENT INFERNALE, MARINE, TU LE SAIS ÇA ? TU VEUX QUE JE TE MONTRE CE QUE C'EST D'AVOIR UNE PETITE SISTER ?
HEU... BEN... JE...

TU FAIS QUOI, MARINE ? TU FAIS QUOI ? TU FAIS QUOI ?
JE PEUX LE FAIRE MOI AUSSI, DIS, JE PEUX ?
STEUPLÉ STEUPLÉ STEUPLÉ STEUPLÉ

MMMUUUM... MIAM KRO BON CE CROISSANT CONFITURE MAYONNAISE SAUCISSON À L'AIL.
MIOM
BAFFRE
BAFFRE
ET JE VAIS LIRE TON JOURNAL D'INTIME ET METTRE PLEIN DE GRAS SUR LES PAGES NANANÈÈÈRE...

PIPI
PROUT PROUT
CACA
YOOOUHOOU...
HUUUU... ELLE EST NAMOUREEEUUSE... ELLE EST NAMOUREEEUUSE...

MAX... MAXENCE ?!
HUM... SALUT WENDY.

TU VOIS, LA DIFFÉRENCE, C'EST QUE, MOI, J'AI PAS HONTE QUAND JE FAIS LE BÉBÉ.
LA HONTE !
LA HONTE !
LA HONTE !
LA HONTE !
LA HONTE !

CAZENOVE & WILLIAM

AYAAAH...
JE VAIS TE TRANCHER TOUTES TES VERRUES, SALE POURFENDEUR DE GENTILS DRAGONS !

DIS, L'EXCITÉE, TU CROIS PAS QU'IL SERAIT TEMPS QUE TU FASSES DES TRUCS DE FILLE, NON ?!
?

DES TRUCS DE FILLE ???

UN JOOOUR MON PRINNCE VIENDRAAA...
UN JOOOUR...

DLONG !
J'ARRIIIVE !!!

SMACK
SMACK
KISS

HEU, WENDY, J'AI L'IMPRESSION QUE MARINE NOUS ESPIONNE...
?!

ET LÀ, ELLE M'ACHÈTE UNE PANOPLIE DE GUERRIER VIKING...
JE LA COMPRENDS DE MOINS EN MOINS, MA SISTER.
COP'S POWER

CAZENOVE et WILLIAM

HAN!

TEXAS!!! C'EST LÀ-BAS QUE JE VIVRAI QUAND JE PARTIRAI AUX STATES!
TEK SASS ???

ÇA TOMBE BIEN ...
... J'AI DÉJÀ LE STETSON.
YEHAH!

LA CLASSE, NON ?! UNE VRAIE TEXANE.
OH YEAH!
HI HI, TU FERAS UN BISOU AUX DALTON DE MA PART.

À MOI DE LANCER LA FLÉCHETTE POUR SAVOIR OÙ QUE J'HABITERAI QUAND J'SERAI GRANDE.
ADMIRE LA CLASSE.

VERS L'INFINI...
ET HOP LÀ-BAS !!!

HUM...
HUM...

LA CRISE AH AH AH... HÉÉÉ M'MAN... TU POURRAIS COUDRE UNE TENUE DE COSMONAUTE POUR MARINE ?!
J'AI TOUJOURS SU QUE MA SISTER ÉTAIT DANS LA LUNE... LOOOL

CAZENOVE & WILLIAM

WENDY, WENDY, AH AH, TU DEVINERAS JAMAIS...

POUR QUOI FAIRE, PUISQUE TU MEURS D'ENVIE DE ME LE DIRE.
EH BEN À L'ÉCOLE, TOUT LE MONDE M'APPELLE LA LIONNE.

LA CLASSE NON ?!
TOUT À FAIT MOI. C'EST VRAI, J'AI LES CHEVEUX COMME UNE CRINIÈRE.
ET EN PLUS, MON SIGNE D'ASTRE LOGIQUE C'EST LION, ALORS...

ÇA TE CORRESPOND BIEN, C'EST CLAIR ! J'AI VU UN DOCU À LA TÉLÉ SUR LES LIONNES, ET TU SAIS QU'ELLES SONT PRÊTES À TOUT POUR DÉFENDRE LEUR TERRITOIRE...
JE DÉFENDS SUPER BIEN MES PELUCHES, DÉJÀ.

ET PUIS LA LIONNE EST TOUJOURS EN ALERTE, DE PEUR DE LOUPER QUELQUE CHOSE...
TOUT À FAIT MOI !!!
J'AI TOUJOURS UN PROGRAMME TÉLÉ POUR PAS LOUPER MES ÉMISSIONS.
ET CE SONT LES LIONNES QUI VONT CHASSER POUR TOUTE LA FAMILLE.
ELLES RAMÈNENT LA NOURRITURE.

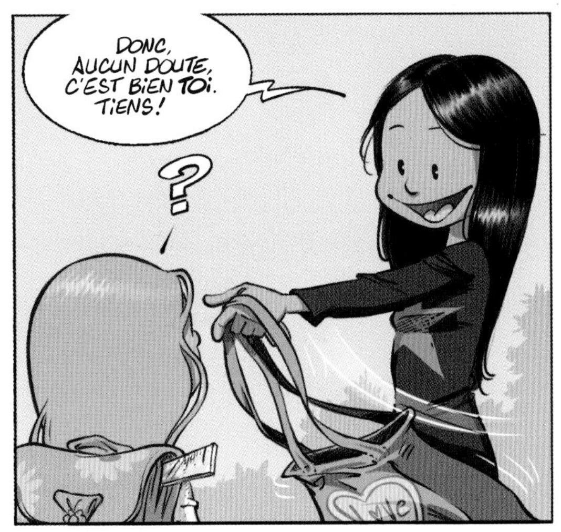
DONC, AUCUN DOUTE, C'EST BIEN TOI. TIENS !
?

LA REINE DE LA CHASSE !!!
... PEUH ! ME SUIS FAIT AVOIR OUI.

CAZENOVE & WILLIAM

MARINE ME SAOULAIT AVEC SES JEUX DE BÉBÉ...
WENDYYY... TU JOUES AVEC MOI À HIPPOPOTAMUS GLOUTON ?
STEUPLÉ STEUPLÉ STEUPLÉ

ALORS, J'AI DÉCIDÉ DE LUI APPRENDRE DES JEUX DE GRANDE...
WOH WOH WOH, OK. JE JOUE AVEC TOI, MAIS SEULEMENT SI C'EST MOI QUI CHOISIS LE JEU DE SOCIÉTÉ. J'EN AI UN TOP DE CHEZ TOP.
PLUS TOP QU'HIPPOPOTAMUS GLOUTON ?

ÇA S'APPELLE LE TRIVIAL PURSUIT.
Y A DE LA BASTON ???

...BLABLA BLA QUESTIONS... BLA BLA CAMEMBERT... BLA BLA... COULEURS...
TROP CHOUPINOUS, LES P'TITS PIONS !
ET ÇA SENT PAS LE FROMAGE.

ET CELLE QUI ARRIVE AU CENTRE DU PLATEAU AVEC SON CAMEMBERT REMPLI A GAGNÉ.
ÇA TE TENTE ?
AH OUAiiiS ! ÇA A L'AIR TROP GÉNIAL.

COMME JE M'EN DOUTAIS, ELLE A TOUT DE SUITE ADORÉ LE CONCEPT.
ON Y JOUE !!!
ON Y JOUE !!!
ON Y JOUE !!!

HÉÉÉ... AH NON, HÉ...

...MAIS C'EST SURTOUT LE CÔTÉ "POURSUITE" QUI L'EXCITAIT.
RAAAH... DONNE-MOI CES RÉPONSES !!!
AH AH ATTRAPE-MOI ATTRAPE-MOI SI TU VEUX SAVOOOIR ...

CAZENOVE & WILLIAM

ALLEZ, ENCORE UNE DERNIÈRE ET C'EST MOI QUI MÉLANGE.
JE SENS QUE JE VAIS ENCORE TOUT DÉCHIRER.

HOP! JE DISTRIBUE. AH, AH, ATTRAPEZ VOS CARTES.
HÉÉÉ CALMOS DEBILOS !!!

ON DIRAIT QUE TES CARTES SONT TOUTES POURRITES, WENDY...
HIN HIN HIN
ARRÊTE DE TE LA PÉTER ET JOUE!

4 AS !!!
BIM!
DANS TA FACE!

J'AI GAGNÉÉÉ... J'AI GAGNÉÉÉ...
OUAAAiiii... J'AI GAGNÉÉÉ... C'EST MOI LA MEILLEURE ...
YOUHOU!

T'AS BIEN VU QU'ELLE A TRICHÉ QUAND MÊME ?!
ET TU LAISSES FAIRE ?!

OUI, MAIS TU VOIS, J'EN PEUX PLUS DE LA VOIR PÉTER SA CRISE QUAND ELLE PERD... ELLE HURLE, ELLE SAUTE DANS TOUS LES SENS, C'EST VRAIMENT PÉNIBLE.

OOOUAAAAAAiiiiii
PERSO, J'VOIS PAS LA DIFFÉRENCE.

CAZENOVE & WILLIAM

AH T'ES LÀ...

DIS, MA SISTER, JE VOULAIS FAIRE UN PING-PONG MAIS JE TROUVE PLUS MES ROLLERS.
?

J'AI VOULU CHERCHER DANS MA CHAMBRE ET JE SUIS ARRIVÉE AUX TOILETTES...
T'ES SÛRE QUE TU VAS BIEN, MARINE ???

ET CETTE MAISON, LÀ...
...C'EST PAS LA NÔTRE. REGARDE LA COULEUR...

EN QUELLE ANNÉE ON EST, AU FAIT ? TIENS. MAIS À QUI EST CETTE MONTRE ?

WENDY, ELLE DÉBLOQUE TA SISTER, ELLE A DES GROS SOUCIS DE MÉMOIRE... ELLE M'A MÊME PRISE POUR TOI.
AÏE ! ÇA Y EST, ÇA RECOMMENCE.

ÇA LUI ARRIVE UNE FOIS PAR SEMAINE ENVIRON.
AH BON ?

OUI, À CHAQUE FOIS QUE C'EST SON TOUR DE FAIRE LA VAISSELLE.
VAISSELLE ? QUEL MOT ÉTRANGE. ÇA VEUT DIRE QUOI ???
CELLE-LÀ, J'TE JURE...
MUHA HA AH AH AH

CAZENOVE & WILLIAM

BON, MARINE, TU JOUES DE QUEL INSTRUMENT POUR FÊTER L'ANNIV À MAMAN ?
TADAAAM ! DE L'HARMONICAAA... YYIIHAAA !

ABI BEURRE DES TOUYOUX... ÉCOUTE.

OU ALORS DU PIANO...

À LA FLÛTE, ÇA DÉCHIRE AUSSI.
TURLURIRITUUU

ÇA ME DÉCHIRE LES OREILLES, ÇA C'EST SÛR !
T'AS QU'À JOUER DES MARACAS AVEC LA SALIÈRE.

NOOOON... PAS LA SALIEEEÈRE... JE VEUX FAIRE UN TRUC BIEN, MOI AUSSIIII...
OK, OK ! ESSAYE DE CHANTER POUR VOIR...

ABI BEURRE DES TOUYOOOUUX...

ALORS, ALORS ALORS ? C'EST LA CLASSE, HEIN ?! T'AS VU ?
MMM... J'AI VU.

JOYEUX AAANNIVERSAIRE...
TCHIC KA TCHIC KA TCHIC

CAZENOVE & WILLIAM

DIS, WENDY...
HEEUU... ÇA VA COMME TU VEUX ? ET JE... TU... ENFIN JE...
CRONCH MONCH

TOURNE PAS AUTOUR DU POT ET POSE TA QUESTION CASH, CE SERA PLUS SIMPLE.

EN FAIT, J'AIMERAIS QUE TU ME DISES COMMENT QU'ON S'Y PREND AVEC LES GARÇONS...
TÔ!

AH OUAIS, QUAND MÊME... T'AURAIS PU PRÉVENIR QUE C'ÉTAIT UNE VRAIE QUESTION.

C'EST QUE JE ME DEMANDE VRAIMENT.
POUR COMMENCER, TU PEUX ALLER AVEC LUI FAIRE UNE BALADE AU PARC... C'EST ROMANTIQUE.

VOUS POUVEZ AUSSI VOUS FAIRE UN CINÉ... ET PUIS ALLER À LA FÊTE FORAINE ... BREF ! IL FAUT SAVOIR CE QU'IL AIME FAIRE MAIS C'EST BIEN DE DÉMARRER PAR CE GENRE DE SORTIE.

OK! MERCI WENDY.
À SON ÂGE, JE NE M'INTÉRESSAIS PAS ENCORE AUX MECS, MOI...
LA VACHE ! C'EST QU'ELLE GRANDIT VITE, LA MISS.

BAH DIS DONC LE CINÉ, LE PARC, LA FÊTE FORAINE...
MMM...

TOUT ÇA POUR QU'IL NOUS FILE SON SANDWICH ... PFFF
ET ON N'EST PAS CERTAINES QUE ÇA MARCHERA, EN PLUS.

CAZENOVE & WILLIAM

J'ADORERAIS TROP AVOIR LE SUPER POUVOIR DE L'INVISIBLESSE...

...COMME ÇA, JE POURRAIS SUIVRE MA SISTER PARTOUT...
DINGUE, NON ?! ET CE SERA NOTRE SECRET, HEIN ?!
RIEN QU'À NOUS.
TU PARLES...

VOUS DEVINEREZ JAMAIS CE QUE VIENT DE ME RÉVÉLER MAXENCE...
HI HI MOI JE SAIS !

J'ASPIONNERAIS TOUTES SES CONVERSATIONS, JE SAURAIS TOUT DE SES P'TITES COMBINES...

ÇA RESTE ENTRE NOUS, OK ?!
LOL OK WENDY !
WAAAH...

JE POURRAIS MÊME APPRENDRE PAR COEUR SON JOURNAL D'INTIME...

ENSUITE J'IRAIS TOUT RACONTER AUX COPINES.
HÉÉÉÉ LES FIIIILLES ...

BEN, QU'EST-CE QUE VOUS CHERCHEZ ? HOU HOU, C'EST MOI.
?
?

HHÉÉÉ... MAIS PARTEZ PAS, J'AI PLEIN DE TRUCS À VOUS RACONTEEER...
AU SECOOOURS... UN FANTÔÔÔME...
MAMAAAN...

CAZENOVE & WILLIAM

REGARDE, WENDY ! REGARDE COMMENT JE SUIS KRO FORTICHE AU REBONDISSAGE DE BALLE EN MOUSSE.
J'EN SUIS À 33...
ET SANS LA FAIRE TOMBER ... 34, 35...

J'SUIS PAS SÛRE QU'ELLE SACHE COMPTER APRÈS 40... LOL
36...
37...

38...
TROP FASTOCHE !!!
AH AH T'AS VU ÇA ? ÇA COMPTE TRIPLE...
SUR LA TRANCHE ÇA FAIT UN ET DEMI.
HOP !

ELLE EST DOUÉE.
DOUÉE POUR ME CASSER LES PIEDS, OUI.

C'EST BON, LE CLOWN... ON A COMPRIS MAINTENANT.
CHOP !
MAIS HEU...

VA REBONDIR AILLEURS AVEC TA BALLE À LA NOIX !
JALOUSE !
BOIF

ALORS... ON PARLAIT DE QUOI, DÉJÀ ?
HIER, AU BASKET, J'AI MIS 2 PANIERS À 3 POINTS...
ET AU MOINS 5 DUNKS.
WAAAH... T'ES TROP IMPRESSIONNANT, MON ROI DE TOUS LES RECORDS.

CAZENOVE & WILLIAM

LUIGGI, MON CORRES' ITALIEN EST ARRIVÉ HIER À LA MAISON...
BIENVENITO A NOTRA CASA !

IL A L'AIR SYMPA ET ON A 15 JOURS POUR FAIRE CONNAISSANCE... TROP D'LA BALLE !
QUÉ TU AIMO ? LÉ SPORTI ? LA TÉLÉVISIONA ???
TU CONNAITO LE BASKET BURGER ?
TU AIMO LÉ TOMATO ?

JE NOUS AVAIS MIJOTÉ UN PLANNING DE FOLIE...
LUNDI, VISITE DE LA VILLE...
RANDO DANS LES BOIS...
PHOTOS SOUS LE VIADUC...
MARDI, PIQUE-NIQUE AVEC MES COP'S...

MA SISTER LUI LAISSE SA CHAMBRE... POUR UNE FOIS, ELLE A ÉTÉ SYMPA.
BONA INSTALLATIONA, LUIGGITO.
ET SI TU VEUX UN DOUDOU, FAIS-MOI SIGNO.

DU COUP, ELLE ROUPILLE AVEC MOI...

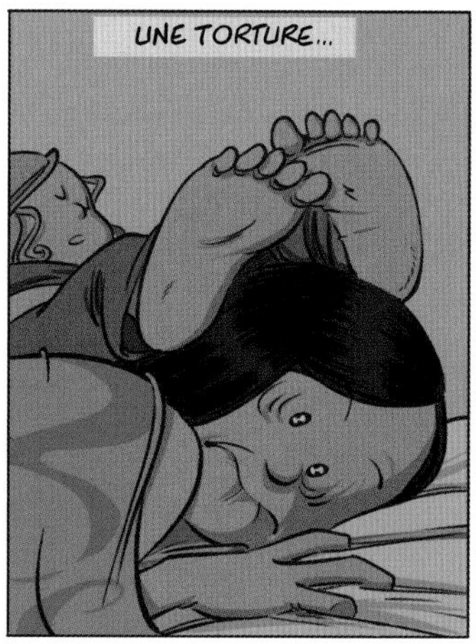
UNE TORTURE...

...BREF, C'EST L'ENFER !
RONF

BON SÉRIEUX ...
... TU REPARS QUAND ?

CAZENOVE & WILLIAM

iL EST OÙ ? iL EST OÙ ?
ON SAiT QUE TON CORRES' iTALiEN EST ARRiVÉ, WENDY.

iL S'APPELLE LUiGGi, C'EST ÇA ?!
iNUTiLE DE NiER, ON VEUT LE VOiR !!!

PAS LA PEiNE DE VOUS EXCiTER, LES FiLLES...
...iL EST TOUT SAUF GLAMOUR, LE LUiGGi.
OOOH... UN iTALiEN PAS GLAMOUR ???
ÇA EXiSTE ???

BAH, Z'AVEZ QU'À VOiR... iL PASSE SES JOURNÉES VAUTRÉ SUR LE CANAP' À JOUER AVEC DES JEUX DE GAMiN.
LA LOOSE !!!

iL SE GAVE DE BONBECS...
...iL LiT DES BOUQUiNS POUR BÉBÉ...
...iL SENT PAS TRÈS BON...
HARiBO

DU COUP, Y A PAS DE QUOi S'AFFOLER.
ÇA CRAiNT !!!

ROOOH... iL EST TROP GÉNiAL CE GARÇON.

...iL ADORE LA TÉLÉ, LES BONBECS, LES JEUX ET LES MÊMES LiVRES QUE MOi... ET EN PLUS iL MET DE MON PARFUM PRÉFÉRÉ...
iL EST PAS TROP CHOU ?!
Si. iL EST D'ENFER, LUiGGi.

CAZENOVE & WiLLiAM

SYMPA !
TU M'AVAIS POURTANT
PROMIS QUE TU LAISSERAIS
TON LIT À MON CORRESPONDANT
ITALIEN...

MON LIT
PEUT-ÊTRE,
MAIS PAS TOUT
CE QUI VA
AVEC !

CAZENOVE & WILLIAM

J'TE PROMETS, EMMA, IL EST RAIDE DINGUE DE MOI, LE LUIGGI.
NOOON... SANS DEC ? HI HI...

J'TE JURE... DÉJÀ LE MATIN...
...À PEINE SORTIE DE MA CHAMBRE, IL ME SUIT...

ET TU PEUX ÊTRE SÛRE QU'IL NE VA PAS ME LÂCHER DE LA JOURNÉE...
QUAND JE FAIS DU SHOPPING...

QUAND JE VAIS SUR LE NET...

BREF. IL EST COLLÉ À MOI COMME UN BOUTON D'ACNÉ SUR LE NEZ D'UN GARÇON.
MUHAAH AH AH AH

HEY LUIGGITO, TU VIENS FAIRE UNE PARTIE DE DAMES AVEC MOI ?
?
UNA PARTITA DE DAMAS AVECO MICO ?

YES ! TU VAS TROP KIFFER COMMENT JE VAIS TE METTRE MINABLE.
...MINABLO...
J'SUIS LA BEST.. LA BESTA QUOI.
?!

NON, MAIS J'Y CROIS PAS. FAUT TOUJOURS QU'ELLE ME PIQUE MES AFFAIRES, LA MORPIONNE !
C'EST MON CORRES'. OK ?!

CAZENOVE & WILLIAM

WAYAAA... TU FAIS UNE DE CES TÊTES, MA WENDY...
...ENCORE TA SISTER ?!
PIRE !

LUIGGI, IL ME GONFLE, Y A RIEN QUI L'INTÉRESSE...
UN VRAI FLAN, CE MEC !!!

T'AS ESSAYÉ DE LUI PARLER ?
SÉRIEUX, J'ARRÊTE PAS. MAIS ÇA SERT À RIEN. C'EST OFFICIEL. JE N'AI PLUS DE CORRESPONDANT.

HELI... HUM... COME STAI, LUIGGI ? *
NON TI ANNOI ???

HAI VISITATO LA CITTA ? HAI ACQUISTATO DEI SOUVENIR ?
SI MOLTO. COME TI CHIAMI ? SAMMIE, SI ?!
SI SI
HI HI

*COMMENT VAS-TU, LUIGGI ? TU NE T'ENNUIES PAS ? TU AS VISITÉ LA VILLE ? TU AS ACHETÉ DES SOUVENIRS ? OUI BEAUCOUP. TU T'APPELLES SAMMIE, C'EST ÇA ?!

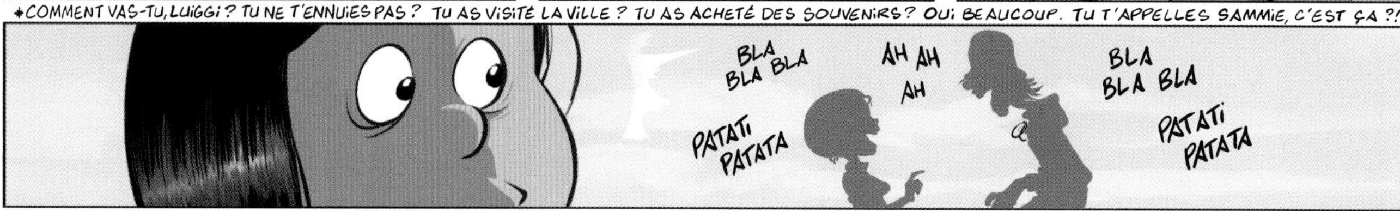
BLA BLA BLA
PATATI PATATA
AH AH AH
BLA BLA BLA
PATATI PATATA

AH MUHA HA AH AH
HI HI HI

C'EST OFFICIEL ! JE N'AI PLUS D'AMIE !!!

CAZENOVE & WILLIAM

WENDY, COMMENT QU'ON DIT DÉJÀ QUAND ON VA DANS L'EAU ?
NAGER.

SE BAIGNER ?!
MAIS NOOON... QUAND ON VA DEDANS L'EAU, À L'INTÉRIEUR, T'SAIS?!

NAVIGUER
VOGUER
FLOTTER
COULER

NON, NON PLUS... C'EST QUAND ON EST CARRÉMENT DANS L'EAU... ILS L'ONT MONTRÉ À LA TÉLÉ...
PLONGER ?!

LE MACHIN QU'ON DIT QUAND ON PREND DES BOUTEILLES ...
...PARCE QU'ON PEUT PAS RESPIRER COMME LES POISSONS...
OU LES DAUPHINS...
TU VOIS ?

L'APNÉE ! C'EST ÇA, C'EST L'APNÉE !
VOUIIII... C'EST ÇA !

T'ES TROP BALAISE, MA SISTER CHÉRIE.
POUR UNE FOIS, ELLE A COMPRIS QUELQUE CHOSE.

TU VOIS, LOULOU. LE LUIGGI, IL FAIT DE L'APNÉE... C'EST WENDY QUI ME L'A DIT.
BREF ! C'EST PAS GAGNÉ !
BEURK !

CAZENOVE & WILLIAM

J'Y VAIS.
J'Y VAIS.
BOUGEZ PAS
!!!

TIENS,
TON BALLON.

BOUGEZ
PAS...
JE VOUS
REJOINS TOUT
DE SUITE.
T'AIMES VRAIMENT
TE COMPLIQUER
LA VIE, TOI, ALORS.

CAZENOVE & WILLIAM

ÇA CONSOMME DE L'ESSENCE ORDINAIRE OU DU SUPER?
Ni L'UN Ni L'AUTRE! iL FAUT UN CARBURANT QUi AiT PLUS DE PÊCHE : DU PLUTONIUM!

GROOU-iLLiii...

!
16:00
PAUSE!

LOL, LA SiSTER EN MODE TRACTEUR!
RRONFL...

MiAM MiAM
LA LA LA LiLA
nutella

MARiiiNE

TU ME RAMÈNES UN JUS DE TOMATE...
ET QUELQUES BiSCUiTS SALÉS, MERCi.

M'EN FICHE, LA PROCHAINE FOIS, C'EST MOi QUi GAGNERAi À "LA PREMIÈRE QUi SE LÈVE PRÉPARE LE GOÛTER."
C'EST CELA OUi.
AUCUNE CHANCE, MORPiONNE!
JE SUiS CHAMPiONNE DU MONDE!

CAZENOVE & WiLLiAM

ALORS, ELLES TE VONT BIEN CELLES-CI ?
J'VAIS TE DIRE...

JE REVIENS ...

J'PRENDS PAS !
NUL !
NAZE !
PAS GLOP !

À CELLES-LÀ MAINTENANT ...
JE REVIENS ...

J'PRENDS PAS !
ESSAYE LES BLEUES POUR VOIR...
GLiiiiiiisss...

HOP ! J'REVIENS ...

NIKOL CRÈME ! CARRÉMENT LA CLASSE ! D'ENFER ! JE PRENDS LES BLEUES !!!
YIIHAH !

T'AVAIS TROP RAISON, WENDY, REGARDE COMME J'ÉCLABOUSSE TROP LOIN AVEC CELLES-LÀ.
J'T'AVAIS DIT, J'AI L'OEIL POUR CE GENRE DE CHOSE.

CAZENOVE & WILLIAM

TU VAS VOIR, LUIGGI, IL Y A DES CASCADES MAGNIFIQUES DE L'AUTRE CÔTÉ DU BOIS...
COME ???

DES CASCAAADES !!!
?
PAS LA PEINE DE HURLER. IL EST PAS SOURD. IL PARLE PAS NOTRE LANGUE, C'EST TOUT.

ATTENDS, J'AI UNE IDÉE.
BOK!
OUAÏE!
REBOK!

T'ES FRAPPADINGUE ! EN PLUS, CASCADES D'EAU ET CASCADEUR ÇA SE DIT SÛREMENT PAS PAREIL EN ITALIEN.
ÇA SERT À RIEN CE QUE TU FAIS.

REGARDI LUIGGI... HOUF PLOIC PLIC PLOUF PLOUF HOUFLLL...
??
C'EST SÛR QUE ÇA SERT VACHEMENT CE QUE TU FAIS, TOI.

BON, PUISQUE C'EST COMME ÇA ON RENTRE À LA MAISON.
?
?

ALORS LES ENFANTS... CETTE BALADE AUX CASCADES ?
NULLE ! Y A RIEN QUI L'INTÉRESSE, LUIGGI.
ET PUIS IL COMPREND JAMAIS RIEN, D'ABORD.
?

CAZENOVE & WILLIAM

?
RAAAAH...
PFFF...

PEUH.

TSSS...

PFIOUUU

GNNNiii
AGRRR...

NON PLUS.

AH, JE VOIS QUE TU LUI AS MONTRÉ...

...TA NOUVELLE TABLETTE...
OUAIP, ET MAINTENANT ELLE CROIT QUE TOUT EST TACTILE DANS LA MAISON.
PFFF! ÇA MARCHE PAS DU TOUT DU TOUT ICI NON PLUS...
... C'EST NUL !!!

CAZENOVE & WILLIAM

BEN, T'EN FAIS UNE TRONCHE, WENDY.
J'M'ENNUIE.

JE VOULAIS APPELER SAMMIE, MAIS JE LUI AI DÉJÀ TOUT DIT DE MA JOURNÉE.

T'AS QU'À LUI RACONTER LE DERNIER ÉPISODE "DES ANGES DE LA TÉLÉBANALITÉ".
DÉJÀ FAIT.

ALORS EXPLIQUE-LUI COMMENT JE T'AI RÉTAMÉE À LA PARTIE DE DAMES CE MATIN...
COMMENT TU AS TRICHÉ TU VEUX DIRE ?!
OH ET PUIS J'AI PAS ENVIE DE PARLER DE ÇA.

ALORS FILE-MOI CE PORTABLE, T'EN AS PAS BESOIN...
?!

HÉÉÉ COMMENCE PAS... RENDS-LE-MOI DE SUITE !
WAAAH... T'AS PLEIN D'MNMS !
BIP BIP BUP

NON MAIS TU CHERCHES LES COUPS, TOI !
OKI OKI TIENS, TIENS. J'LE VEUX PLUS...
HI HI HI

NON MAIS TU LE CROIS, ÇA, SAMMIE, COMPLÈTEMENT À L'OUEST, LA MORPIONNE...
JE TE GARANTIS QU'ELLE ME L'A RENDU, MON PORTABLE. J'TE RACONTE PAS COMMENT JE LUI AI SECOUÉ LA COUENNE...
SANS MOI, ELLE EST PERDUE !!!

CAZENOVE & WILLIAM

'LUT MARINE. TA SISTER EST DANS SA CHAMBRE ?
MOUI, MAIS ON PEUT PAS LUI PARLER.

DEPUIS HIER ELLE DIT QU'IL FAUT PAS L'EMBÊTER. ELLE BÛCHE SON ITALIEN.
SON ITALIEN ???

MAIS, C'EST PAS AUJOURD'HUI QUE SON CORRESPONDANT REPART CHEZ LUI ?
JE COMPRENDS PAS.
MOI, JE COMPRENDS JAMAIS RIEN QUAND WENDY FAIT DES TRUCS, DE TOUTE FAÇON.

HELLO EMMA, COME STAÏ ?"
ÇA VEUT DIRE "COMMENT VAS-TU ?"
HEU...

MARINE ME DISAIT QUE TU BOSSES TON ITALIEN ?!
YES! À FOND À FOND ...

À QUOI ÇA SERT SI LE LUIGGI RETOURNE DANS SON PAYS CE SOIR ?

JUSTEMENT ! C'EST HYPER MOTIVANT.

MAINTENANT JE SAIS COMMENT ON DIT:
RENTRE CHEZ TOI.
PAS LA PEINE DE M'APPELER.
PAS DE TEXTO.
OUBLIE-MOI !
PTDR

CAZENOVE & WILLIAM

EH BEN, ÇA Y EST, ENFIN. OUF!
Alitalia

LUIGGI EST REPARTI DANS SON PAYS YOUHHOOOOUUU! CE SOIR, FIESTA!
LOL T'EXAGÈRES. C'ÉTAIT PAS UN MONSTRE NON PLUS, TON CORRES'.

NAN MAIS ATTENDS, IL EST TROP CHELOU, CE MEC. IL A PAS LÂCHÉ TROIS PHRASES EN DEUX SEMAINES.
OUI, C'EST PAS FAUX...
BON, MOI, ÇA VA, JE PARLAIS UN PETIT PEU AVEC LUI.
BAMBOO

T'AVAIS L'OCCASION DE PERFECTIONNER TON ITALIEN AUSSI, C'EST DOMMAGE.

ET PUIS TU SERAS PEUT-ÊTRE AMENÉE À Y ALLER UN JOUR ?!
IMPOSSIBLE, SAMMIE! APPRENDRE DEUX LANGUES EN MÊME TEMPS...
... C'EST AU-DESSUS DE MES FORCES.

COMMENT ÇA DEUX LANGUES ???
HÉÉÉ WENDYYY !!!

...T'AS VU ? J'AI SCULPTAGÉ UN ESPOUFANTAIL AVEC DES FEUILLES DE PLATANICUS. C'EST JOLINOUILLET, PAS VRAI ?!
LE PARLER MARINE. C'EST VACH'MENT BALÈZ' DÉJÀ.

CAZENOVE & WILLIAM

WAAAA... QU'ELLE EST TROP CHOUPIE, VOTRE MAISONNETTE ...
JE PEUX JOUER AVEC VOUS ?

DÉSOLÉE, MARINE, MAIS LÀ, ON NE JOUE PAS, TU SAIS...
ET NON...

... ON A UN DEVOIR SUR L'ARCHITECTURE POUR DEMAIN.
?
L'ARCHI TEINTURE ???

...LA CHARPENTE, LES MURS PORTEURS...
LE CHAT EN PENTE ???
AH AH, C'EST LOIN D'ÊTRE DE LA RIGOLADE, TU VOIS.

ICI, IL YA 4 CENTIMÈTRES, CE QUI FAIT 2 MÈTRES EN VRAI.
OUAIS. FAUT BOSSER À L'ÉCHELLE, C'EST TROP BALAISE.

SOUPENTES... POUTRES...
SANS OUBLIER LES ACCÈS.
PFIOUU... ON N'EST PAS COUCHÉES, NOUS...

TU VOIS, DOUDOU, MA SISTER, ELLE ARRIVE MÊME À GÂCHER LES JEUX LES PLUS SYMPAS.

OUF! ELLE EST PARTIE. J'LA CONNAIS, ELLE NOUS AURAIT FAIT UNE ATTAQUE DE LA MAISON PAR SES DINOS.
PENDANT LE BAIN DE LA FÉE WATERPOUFFE, EN PLUS...
ALLEZ, AU DODO, RAIPONCE.

CAZENOVE & WILLIAM

UN POINT POUR MOI !!!
J'CROIS PAS, NON...
TUNK!

LE POINT EST POUR MOI. C'EST LA NOUVELLE RÈGLE... CELLE QUI LOUPE LA TABLE A GAGNÉ.
T'AS VU ÇA OÙ, TOI ?
NON MAIS ALLÔ QUOI !

FILET ! LE POINT EST POUR MOI.
C'EST LA NOUVELLE RÈGLE.
TONK !

ENCORE UN POINT... LE SERVICE LOUPÉ, ÇA PAYE AUSSI.
GRUMPF !
TUNK !
TONK !

AÏE !
TUNK !

ON A AUSSI LE POINT SI ON TOUCHE L'ADVERSAIRE.
AGRRR...

T'EN ES VRAIMENT SÛRE, MORPIONNE ???
HEU...

12, 13, 14...
PAS MAL HEIN ?!
AÏE AÏE AÏE MAIS HEU, C'EST PAS DU JEU.
TUNK !
TUNK !
TUNK !
TUNK !

CAZENOVE & WILLIAM

ENFIN. LES INVITÉS SONT ARRIVÉS.
YES! C'EST NOUS QU'ON PRÉPARE L'APÉRITIF.

TUT TUT PAS TOUCH' AU COUTEAU, MISS CATASTROPHE.
JE COUPE LE SAUCISSON, TOI, TU T'OCCUPES DES CHIPS.
NIA NIA NIA PEUH, J'LE SAVAIS BIEN, PFFF...

WAAH! REGARDE WENDY, J'AI MIS LES OLIVES DANS DES BOLS DE COULEUR. C'EST PLUS JOLI, PAS VRAI?!
ET COMME Y AVAIT PAS ASSEZ DE CURE-DENTS, J'AI MIS AUSSI DES ALLUMETTES.
LOL!

J'EN TARTINE COMBIEN DES MACHINS AU FROMAGE ET DES BIDULES À LA TOMATE ?
VIDE LES POTS, ÇA VA S'ABIMER SINON.

VUIIIIUUUUUUUUUUUU...
TINK
00:00
HUUUMMM... PAR ICI LES P'TITES SAUCISSES TOUTES CHAUDES...

LES CHOUFFLÉS BACON CHONT GIGA DÉLICHIEUX. Y A MÊME DES NATURE.
CHA A QUEL GOÛT LA NATURE ?
MUHAHAHA...
CROC
MIOM

OOOH QU'ELLES SONT CHOU !
MIAM
AAAH
HUUMMM

LAISSEZ PASSER... PARDON, PARDON...
CHAUVE DEVANT...
SI VOUS N'EN VOULEZ Z'AVEZ QU'À FAIRE PAREIL.

CAZENOVE & WILLIAM

RAPPELLE-MOI UN TRUC, T'AS QUEL ÂGE, MARINE ?
POURQUOI ? TU CHERCHES UN CADEAU POUR MON ANNIV ?!

CARRÉMENT PAS, MAIS ÇA CRAINT DU BOUDIN DE SUCER SON POUCE, T'SAIS ?!
HOUPS !

ENFIN, BON. SI ÇA TE PLAÎT DE RESTER UN BÉBÉ TOUTE TA VIE...
C'EST PAS MON PROBLÈME.

MAIS DIS-TOI QUE SI TU CONTINUES, ON DEVRA TE POSER DES BAGUES SUR TOUTES LES DENTS !
T'IMAGINES ?!

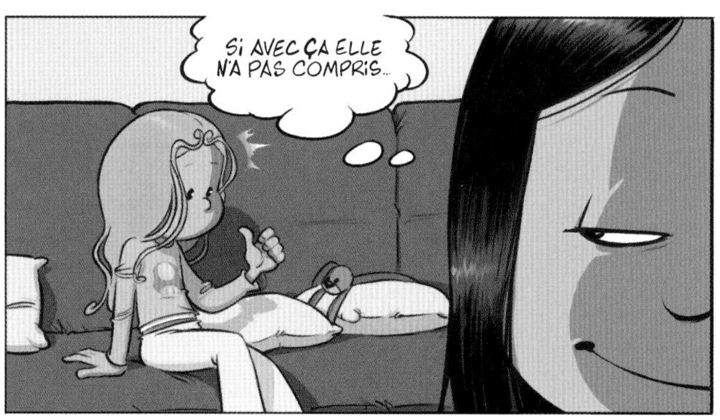
SI AVEC ÇA ELLE N'A PAS COMPRIS...

TCHUCK
TCHUCK
TCHUCK
TCHUCK
TCHUCK

MOI JE PRENDRAI LA MEURAUDE PUIS LE DIAMANT EN PIERRE BLEUE...
CHA MARCHE POUR LES BRACELETS OU C'EST QUE POUR LES BAGUES ?
TCHUCK
LES BAGUES JE CROIS.
BREF ! ELLE N'A RIEN COMPRIS !!!
Bijoutier

CAZENOVE & WILLIAM

PASSE-MOI LA TARTIBULLE, STEUPLÉ.
LA QUOI ?
?

TU POURRAIS PAS DIRE LA CONFITURE COMME TOUT LE MONDE, NON ?!
JE DIS KESSKE J'VEUX D'ABORD !!!

YOUHOOUU... UN MÉGA SPLASHOUILLE DANS LA PISTALLINE !!!
PFFF...
?

J'ADORE BOUQUINAGER SUR UN TAS DE COUSSINONOX.
PORTE QUOI
INSECTES.

BON, MARINE, FAUT QUE T'ARRÊTES ...
...ÇA SUFFIT D'INVENTER DES MOTS TOUTES LES 3 SECONDES.
TU DIS ÇA PASSKE T'ES NULLOS EN INVENTAGE DE MOTS.
INSECTES.

EN PLUS DE PASSER POUR UNE QUICHE, TU NE SAURAS PLUS PARLER CORRECTEMENT QUAND TU SERAS GRANDE.
JE PARLE QUICHE SI JE VEUX.
INSECTES.

ALORS... MELLE MARINE... HUM... VOUS AVEZ UNE EXPÉRIENCE DE... SODATEUSE...
...UN DIPLÔME DE PIQÛRETTE...
HEU...
ET UNE FORMATION DE RANGEAGE DE BOUQUINOX... C'EST ÇA ?

CAZENOVE & WILLIAM

RETROUVE-NOUS CHAQUE MOIS DANS DISNEY GIRL !

Disney Girl

RETROUVE LES SISTERS EN ROMAN JEUNESSE !

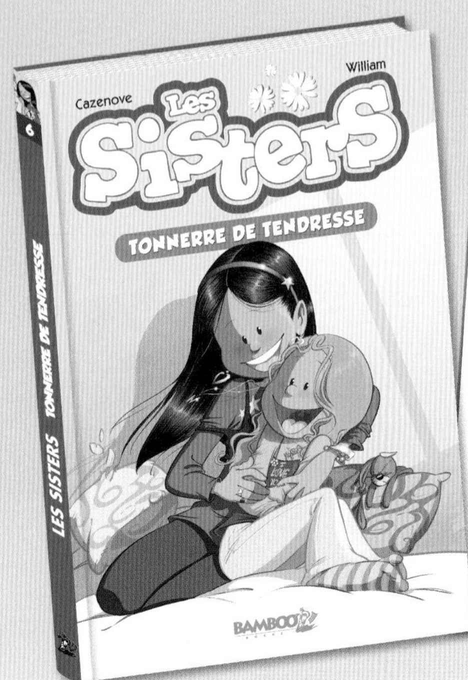
Cazenove
William
Les Sisters
6
TONNERRE DE TENDRESSE
LES SISTERS TONNERRE DE TENDRESSE
BAMBOO

Marine lève les yeux vers le plafond en poussant un petit grognement qui laisse penser qu'elle a enfin assimilé les règles du jeu. Comme par magie tous les éléments se sont mis en place sous son abondante chevelure blonde.

La question, la carte, la réponse, la confirmation de la réponse, le gage… c'est vrai qu'il n'y a rien de bien compliqué dans tout cela.

Tandis qu'Emma, qui a pris un bonbon au fromage de chèvre, n'en finit pas de faire la grimace, Sammie s'apprête à prendre la parole. Mais Marine l'interrompt.

— Non, c'est à moi à moi à moi ! Ça y est ! J'ai tout capté ! s'excite-t-elle, levant la main comme pour demander à la maîtresse de la laisser effacer le tableau avec la grosse éponge. J'ai une question pour Sammie…

40

Avec un large sourire, elle prend une profonde inspiration, sûre de son coup.

— Quel âge est-ce que j'ai ? demande-t-elle fièrement.

— Mais elle est trop débile ta question ! réagit Wendy.

41

Histoire et illustrations 100 % inédites

À dévorer à partir de 7 ans

TOME 6 : TONNERRE DE TENDRESSE

Du rêve d'I-Pod de Wendy au fonctionnement d'un journal intime, de l'organisation d'une « pyjama party » aux entraînements de Marine pour être en forme pour la rentrée scolaire, sans oublier les recettes pour faire tourner sa sister en bourrique, découvrez le quotidien des deux tornades les plus irrésistibles.

Du vrai, du qui-bouge, bref, du *Sisters* pur jus !

Les Sisters

Les Sisters

Les Sisters

Les Sisters

Les Sisters

Studio Danse
Les Petits Rugbymen
Triple Galop
Les Jeunes Sapeurs Pompiers
Les Profs
Jeu de Gamins
Famille Pirate
Foot Maniacs
Cath et son chat
Contes & Princesses
ÉGALEMENT DISPONIBLES EN LIBRAIRIES
BAMBOO ÉDITION
Plus d'infos sur www.bamboo.fr

CHOUETTE !
VOUS AVEZ FINI DE LIRE LA BD ?!
ALORS ON VA POUVOIR VOUS PRÉSENTER
TOUTES NOS COPINES...
PAS VRAI, LE CHAT ?!

Studio Danse

AH AH AH ! IL FAUT VRAIMENT QUE TU DEMANDES À JULIE, LUCE OU ALIA DE T'APPRENDRE À DANSER !

AUJOURD'HUI, MESDEMOISELLES, VOUS ALLEZ TRAVAILLER DEUX PAR DEUX AFIN DE VOUS AIDER ET DE VOUS CORRIGER MUTUELLEMENT !

CET EXERCICE VOUS FERA FAIRE BEAUCOUP DE PROGRÈS, VOUS VERREZ. FORMEZ DONC LES GROUPES !

QUELQUES INSTANTS PLUS TARD...
?

TU ES SEULE, JULIE ? POURQUOI NE TE METS-TU PAS AVEC CARLA ?

IMPOSSIBLE ! ELLE TRAVAILLE DÉJÀ AVEC QUELQU'UN !
AH BON ? AVEC QUI ?

SON REFLET DANS LE MIROIR !
!

Mes Cop's

ELLES SONT AUSSI SYMPAS QUE LES COP'S DE MA SISTER !

T'AURAIS VU TOUT LE MONDE BLABLA MORT DE RIRE BLABLA RIRE DE SANDRINE...
12

8

VOUS TROUVEZ ÇA ÉVOLUÉ DE COLLER DES NOTES AUX NANAS QUI PASSENT ?
ÇA FAIT VIRIL, PEUT-ÊTRE ?

SI JE MONTRE MES CUISSES, ÇA VAUT COMBIEN DANS VOTRE BARÈME DE GROS DÉBILES ?
VOUS JUGEZ SUR LE PHYSIQUE, BIEN SÛR ! Y A QU'ÇA QUI COMPTE CHEZ LES FILLES !

FAUT ÊTRE TANQUÉE COMMENT POUR AVOIR 20 ?
MOI AUSSI, JE VAIS NOTER ! 1 POINT EN MOINS PAR BOUTON D'ACNÉ, ET LÀ VOUS ÊTES MAL !!!

VIENS, JESS, ILS ONT COMPRIS !
Z'ÊTES QUI POUR MATER, D'ABORD ?
Q.I. DE BULOTS !
MECS EN SOLDE !
MOUS DU FION !

ET TOI, J... JIM... T'AS EU COMBIEN EN GÉO ?
2... MAIS J'OSE PAS LE DIRE TROP FORT... DU COUP...

TRIPLE
GALOP

TOI, TU AS ENCORE BESOIN DE QUELQUES LEÇONS.

C'EST UNE CHANCE POUR NOUS, CE STAGE AVEC VOUS.
ÇA VA ÊTRE SUPER, JE LE SENS.
C'EST GENTIL, LES FILLES.
ET PUISQUE VOUS ÊTES LÀ...

... ÇA SERAIT VERY SYMPATHIQUE DE M'AIDER À SORTIR LES CHEVAUX.
VOUS AVEZ AMENÉ VOS CHEVAUX ?

C'EST INDISPENSABLE POUR VOTRE APPRENTISSAGE...
YES !
TROP BIEN.
?

IL FAUT DE JEUNES CHEVAUX...
ILS SONT BEAUX.

... PAS ENCORE DÉBOURRÉS.
ÇA VEUT DIRE QUOI : "PAS ENCORE DÉBOURRÉS" ?

TIENS, MÔD, TU PEUX PRENDRE CELUI-CI, ET TOI, CÉLINE, CELUI-LÀ.
ÇA VEUT DIRE...
... ENCORE UN PEU SAUVAGE.
HIIIIIIIII

Zoé & Pataclop
C'EST GRÂCE À PATACLOP QUE J'ADORE L'ÉQUITATION !
ET MOI, C'EST GRÂCE À ZOÉ QUE J'AI UN LOOK D'ENFER !
FINALEMENT, J'CROIS QUE SI J'ÉTAIS UN ANIMAL, J'AIMERAIS ÊTRE UN AIGLE ...

POUVOIR PLANER COMME ÇA DANS LE CIEL IMMENSE...
C'EST VRAI !

SANS EFFORT, SE LAISSER PORTER PAR LE VENT...
ÇA DOIT ÊTRE TOP.

HÉ, MAIS TU FAIS QUOI LÀ, PATACLOP ?!

AAAA

AAAAAA
JE T'AI DÉJÀ DIT DE NE PAS ME POUSSER QUAND JE RÊVASSE SUR LA BALANÇOIRE !
IMBÉCILE ! J'AURAIS PU ME FAIRE SUPER MAL !

LES ÉNIGMES DE LÉA
LARBIER
NOUVEAU
TU AS TROUVÉ LA SOLUTION, MARINE ?
TROP FASTOCHE ! IL SUFFIT DE DEMANDER À LÉA.
Tu te rends compte de notre chance d'avoir été invitées à cette soirée, Léa ?
Waouh ! C'est chic, ici !
Un jus d'orange, s'il vous plaît !
Les femmes ont mis leur plus belle robe !
Toi aussi, tu es élégante, maman !
Je n'ai pas des bijoux aussi chers !
RRRRRR
Peut-être, mais c'est toi la plus belle de la fête !
... Et toi, tu es la plus gentille fille du monde !
Oh, j'entends de la musique !... On va danser...
Attends, maman !
Je viens de constater un vol dans cette salle !
Que veux-tu dire, Léa?
Je n'ai rien remarqué ! Tu sais qui est l'escroc ?
... Je sais même qui est la victime !
Léa a vraiment les yeux partout ! Qu'a-t-elle observé ?

Solution : On peut constater que le collier de la fille à la robe bleue (à droite de la première case) apparaît quelques instants après, au cou de la fille à la robe orange (à gauche de la quatrième case). Il y a donc eu substitution !

Sunny Bay

CASSANDRA ET DOLPHIE M'ATTENDENT À LA PLAGE.

OUAIS, BEN LA MER EST DE L'AUTRE CÔTÉ. LOL !

Pic! Pic! Pic! Pic!

TU VOIS, MÊME DOLPHIE PREND SOIN DE SES DENTS !
TU VAS ALLER CHEZ LE DENTISTE SANS PLEURER, CETTE FOIS-CI ?

D'ACCORD, MAIS À UNE CONDITION !

ELLE VEUT BIEN ÊTRE SOIGNÉE...
... MAIS UNIQUEMENT SI VOUS METTEZ ÇA !

Cath & son chat

AUSSI MIGNON QUE CELUI DE CATH.

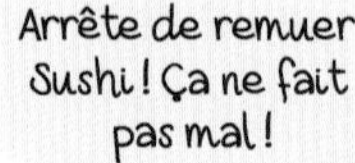

Arrête de remuer Sushi ! Ça ne fait pas mal !

MiiiiAAAAWW
C'est quoi que tu lui mets ?

Une pipette d'anti-puces particulièrement efficace !
Il a pas de puces, mon Sushi !
PAF
Gratte
Gratte Gratte

... SI !

Hi hi ! C'est vrai que c'est efficace !
?

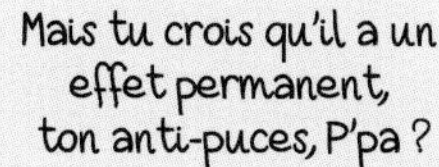

Mais tu crois qu'il a un effet permanent, ton anti-puces, P'pa ?

?

Ce n'est pas indiqué sur la pipette... Ni sur la boîte d'ailleurs...

SLURP
CHLURP

SLURRRRRRPP !

Ne cherche plus, elles, elles savent !

Ça ne doit pas durer très longtemps...

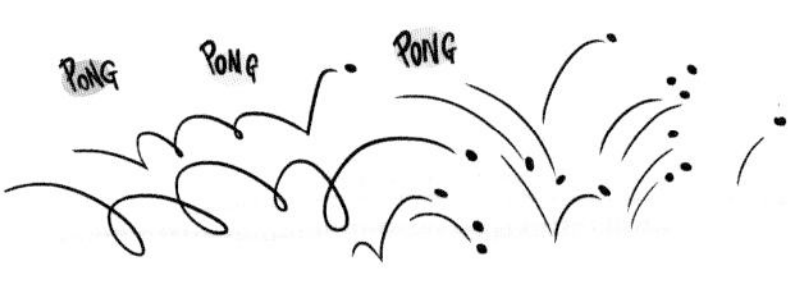

PONG
PONG
PONG

ALORS, CHATON, COMMENT TU LES TROUVES NOS COPINES ? TROP GENTILLES, PAS VRAI ?!
DIS, WENDY, TU CROIS QU'IL AIMERA LA BD AVEC NOS MEILLEURES RECETTES QUI SORTIRA EN JUIN 2014 ?
MEUH OUI, ET MÊME L'ALBUM SUR LES TOUTOUS OU LE MODE D'EMPLOI DES SISTERS, TU VERRAS.
ALORS, C'EST MOI QUI LES LUI MONTRE.

CE MIDI, C'EST MOI QUI CUISINE !!!

Pizza fleurettes et ses copines

Recette de Wendy

Temps de préparation : **35 min**
Temps de repos : **10 min + 1 h**
Cuisson : **20 min + 15 min**
Difficulté : **Moyen**

Ingrédients

pour une quinzaine de minis-pizzas

La pâte

- 250 g de farine
- 1/2 sachet de levure sèche de boulanger (3 g)
- 2 cuil. à soupe d'huile d'olive
- 1 cuil. à café de sucre en poudre
- 1 cuil. à café de sel
- 12 cl d'eau tiède

La garniture

- 1 petite boite de pulpe de tomate (350 g)
- 1 gousse d'ail
- 1 cuil. à soupe d'huile d'olive
- 2 pincées de sel
- 2 pincées d'origan
- 80 g d'emmental

Étape 1

Dans un petit bol, délaie la levure avec 5 cl d'eau tiède. Laisse reposer 10 min.

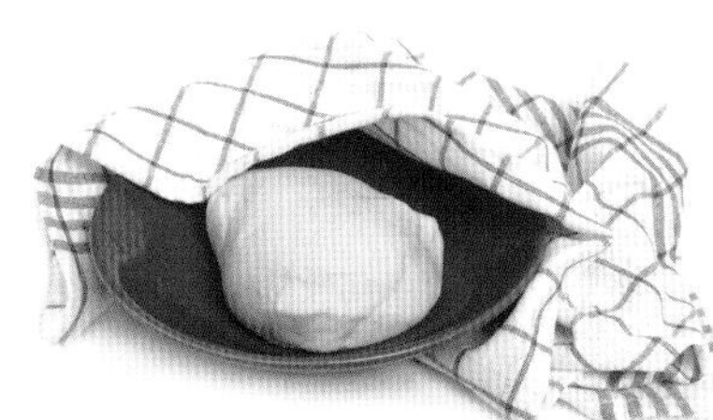

Étape 2

Dans un saladier, mélange dans l'ordre farine, sel, sucre, huile et levure délayée. Ajoute le reste d'eau peu à peu en malaxant. Pétris au moins 5 min. Couvre la boule de pâte, laisse reposer environ 1 h, jusqu'à ce qu'elle double de volume.

Étape 3

Pendant ce temps, prépare la sauce tomate : dans une casserole huilée, fais dorer 3 min l'ail coupé en petits bouts. Ajoute la pulpe de tomate, le sel et l'origan. Laisse mijoter 20 min en remuant de temps en temps.

HEU... C'EST PAS COMME ÇA QU'IL FALLAIT REMUER ?
AVEC LA CUILLÈRE EN BOIS, C'EST MIEUX !!!

à découvrir en juin 2014

ELLES SONT TROP BELLES, TES PIZZAFLEURS...
ON VA QUAND MÊME PAS LES MANGER, HEIN ?!

Étape 4

Préchauffe le four à 200°C, chaleur fixe (non tournante) si possible. Étale la pâte au rouleau, sur une épaisseur d'environ 4 mm. Découpe des fleurs (emporte-pièce, couteau...), dépose-les sur du papier cuisson, sur une plaque de four.

Étape 5

Appuie au centre de chaque fleur avec le doigt pour creuser un peu. Étale de la sauce tomate par dessus. Fais cuire 7 min. Sors le plat du four, ajoute (attention, c'est chaud !) des cercles et des bâtonnets d'emmental. Prolonge la cuisson de 8 min encore.

Le final : Les pizza fleurs

Astuces

- **Laisser reposer la pâte dans une ambiance plutôt tiède** pour qu'elle gonfle bien (derrière une vitre, à côté d'un radiateur, sous une lampe...)
- **Se faire aider** pour sortir le plat du four et ajouter l'emmental

LE TRUC POUR RÉUSSIR TES PIZZAS ...
... C'EST DE LES PRÉPARER QUAND TA SISTER EST À L'ÉCOLE !

Variante : Les souris-pizza

On peut faire des pizza-souris avec la même recette : la pâte est étalée en plusieurs grands cercles, découpée en triangles, on ajoute des petits cercles-oreilles sur le haut), recouverte de sauce tomate puis cuite. L'emmental est ajouté râpé quelques minutes avant la fin de la cuisson. La déco finale (yeux-olives+petits pois, museau-olive, ciboulette-moustache) est mise après.

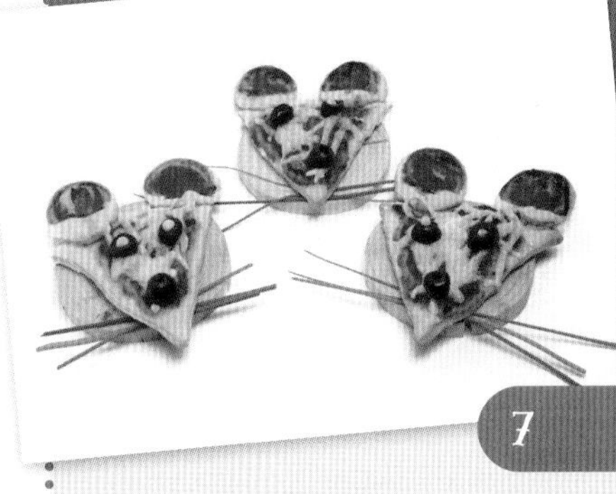

DANS CET ALBUM, VOUS SAUREZ TOUT POUR VOUS OCCUPER AU MIEUX DE VOTRE TOUTOU.

LE LABRADOR

D'où vient-il ?

Le labrador est originaire de l'île de Terre-Neuve au Canada. À noter que Labrador est aussi le nom d'une province de ce beau pays et terre-neuve, le nom d'un chien. Non, ils ne se cassent pas la tête pour trouver des noms, là-bas !

ALLEZ, VA CHERCHER !
RAPPORTE !!!

Un caractère, un vrai !

Notre ami est plutôt dissipé dans les deux premières années de sa vie, période où il déteste la solitude et l'ennui. Avec sa bonne bouille, le labrador inspire spontanément la confiance et cependant, il détient le triste record du nombre de morsures. **Important : il ne faut jamais faire totalement confiance à un chien,** car même le plus sympa peut mordre, pas fort ou pas exprès, mais mordre quand même !

HOULÀ ! C'EST TON LABRADOR QUI T'A MORDU ???
NON, MA SISTER...
... J'AVAIS PRIS SON GOÛTER.

Ça, c'est un bon chien, ça !

Le labrador est le bon élève de la classe, toujours **très attentif aux ordres donnés par son maître** (le cancre serait plutôt le jack russell). **Doté d'un des meilleurs flairs, il est aussi un excellent nageur.** De par la qualité de son sous-poil isolant, il ne craint pas les baignades en eaux froides. Obéissant, sportif, étanche, à l'abri du rhume… c'est pas un toutou d'enfer, ça ?

Un chien multitâche !

À part écrire et faire la vaisselle, le labrador sait tout faire. Il est l'assistant rêvé du chasseur, notamment pour le gibier d'eau, il est un très bon toutou de compagnie, mais aussi de grande utilité pour les personnes handicapées. Comme son cousin le terre-neuve, il a l'instinct de vous empêcher de vous baigner dans une piscine ou en mer, même si vous ne comptez pas vous noyer !

ELLE EST CHOUETTE MA BOUÉE, HEIN ?!

Il est foutu, il mange trop ?

Un labrador adulte devrait peser entre 25 et 30 kilos. Or, sujet à l'obésité, bien souvent il dépasse les 40 kilos. Pas bête, le labrador a bien compris que passé l'âge de la fougue et de la jeunesse, il ne trouvera son salut que dans le repos et la sieste, où il obtiendra facilement une ceinture noire troisième dan. Déjà qu'il a des articulations fragiles, le surpoids ne fera qu'aggraver ses douleurs. Aussi, il est impératif de surveiller sa courbe de poids et donc… sa gamelle !

SI SI... UN PETIT RÉGIME VOUS FERA DU BIEN À TOUS LES DEUX !!!

Une couleur calme ou agitée

Le labrador est caractéristique des rapports qui existent entre la couleur, le sexe et le caractère. Par exemple, une femelle de couleur sable sera plus facile à gérer qu'un mâle aux poils noirs. La période d'agitation dure plus longtemps pour le second. Le chien guide d'aveugle ou d'aide aux handicapés sera toujours confié après cette période.

LES CONSE[…]

LES REL[…] CHIENS […]

J'me présen[…]

La mise en présence d[…] faut être prudent, car […] se passe sous surveill[…] l'autre en premier ? Q[…] plus peur ? Car c'est […] 15 premiers jours son[…] l'on pourra se faire u[…]

Un jour, ça[…]

C'est quasi mathém[…] chat plus un chien, […]

1 • Ils deviennen[…] On joue ensem[…] l'épaule, on se[…] c'est le bonheu[…]

2 • Chacun rest[…] interdiction de[…]

3 • C'est la mi[…] on ne compte[…] coutumières.[…]

VAS-Y, STAN, CHERCHE !
CHERCHE !

WOUHOU... IL A TROUVÉ LA POMME QUE J'AVAIS SUPER BIEN PLANQUÉE !
WAH ! LE FLAIR D'ENFER !

ON VA COMPLIQUER LA CHOSE.
SNURF SNURF
SENS-MOI ÇA, STAN... ET PAS BOUGER !

ÇA Y EEEEST... TU PEUX COMMENCER Á CHERCHER.
VAS-Y, STAN, CHERCHE !!!
WOUF WOUF

OUIIII !
EN MÊME PAS 3 SECONDES... T'AS VU ÇA, WENDY ?

ET MAINTENANT... MA BOTTE SECRÈTE.
TADAAM !

C'EST MON DOUDOU QUE TU DOIS TROUV...
?

AH AH AH
T'AS RAISON, MARINE, IL A UN FLAIR DU TONNERRE !
EURK

CAZENOVE & WILLIAM

Les Sisters
Mode d'emploi

DANS CE GUIDE, IL Y A TOUTES LES SOLUTIONS POUR VIVRE AVEC UN CRAMPON, PROTÉGER SES SECRETS...

Journal intime

Ton journal intime, c'est ton meilleur confident. Il est toujours disponible rien que pour toi, il a une patience d'ange, et lui au moins il te comprend ! Il te redonne du courage quand tu en as gros sur la patate, et tu peux TOUT lui dire sans craindre qu'il se moque de toi ou qu'il cafte.

?!
TU POURRAIS QUAND MÊME CLASSER PAR CATÉGORIE ...
C'EST VRAIMENT TROP SUPER PÉNIBLE À LIRE.
JOURNAL INTIME
WENDY

Qu'est-ce que j'écris dedans ?

TOUT : du menu de la cantine à ton dernier rêve, en passant par tes pensées les plus profondes! Tu as envie d'y coller des photos, tickets de bus, petits mots des copines… tout est possible. **C'est ton histoire à toi et ça deviendra un bric-à-brac d'émotions et de souvenirs à conserver précieusement!**

Ta sister t'a mise dans une telle colère que tu es prête à tout tsunamiser en commençant par elle ? Raconte plutôt ta haine à ton journal, ça défoule et ça évite les dégâts. Et quand tu te relis après l'accalmie du tsunami, ça te permet souvent de relativiser, de remettre de l'ordre dans ta tête.

42

34

32

ET AUSSI DES ACTIVITÉS ET DU BRICOLAGE À FAIRE AVEC SA SOEUR, ET MÊME COMMENT FAIRE POUR L'ÉNERVER...

Dessine ta sister
Fabrique ton totem gardien

Dans un sac en plastique hermétique dans le réservoir à eau des toilettes. N'oublie surtout pas de bien refermer le sac !

Tu peux aussi créer ton journal sur ton ordi, avec un mot de passe archi-secret anti-virusse (évite de choisir ta date de naissance ou ton prénom !)

ALLEZ MARINE, C'EST QUOI LA COMBINAISON DE MON JOURNAL INTIME ?
J'AI ENCORE OUBLIÉ.
INTIME

Où le cacher ?

Forcément, la première chose que voudra faire ta sister, c'est se ruer sur ton journal secret sans que tu le saches. D'ailleurs, toi aussi tu meurs d'envie de lire le sien ! **Alors mets-le à l'abri des spy-sisters sans scrupules, et ne recule devant RIEN pour protéger ton précieux journal !**

Le mieux, bien sûr, c'est de le cacher dans un tiroir ou un placard dont toi seule as la clé (ne la laisse surtout pas traîner !)

À l'intérieur d'un très gros livre dans ta bibliothèque.

Dans un pull en été ou dans une serviette de plage en hiver (sauf si tu vas à la piscine en hiver et qu'il neige en juillet !)

Avec un Velcro double-face scotché sous ton lit.

En hauteur, là où ta sister ne peut pas l'attraper même en grimpant sur la tour Eiffel (sauf si elle est plus grande de taille que toi).

Je suis obligée d'écrire dedans tous les jours ?

C'est pas parce que ça s'appelle « Jour-Nal » que tu dois y naller tous les jours ! Dans ton journal au moins, tu fais ce que tu veux quand tu veux !

e au
otifs
ins,

Vous avez aimé ces pages ?
Retrouvez les albums en librairies !

Julie, Luce et Alia sont non seulement les meilleures amies du monde, mais elles partagent aussi la même passion : la danse. Classique, moderne, hip-hop ou danse africaine, elles sont très occupées.

8 tomes

La seule et unique BD très à cheval sur l'humour ! Partagez la vie du club hippique de Monique, la monitrice, Bébert le palefrenier, mais aussi Mascotte le poney facétieux.

Sortie du tome 8 en février 2014

Une série pleine de fraîcheur et de tendresse sur la vie quotidienne d'un père célibataire et de sa fille, aux prises avec leur félin un peu trop filou.

Sortie du tome 3 en janvier 2014

Léa est la fille la plus perspicace de son école. Aucun détail ne lui échappe quand il s'agit d'élucider les mystères. Et toi, sauras-tu découvrir en même temps qu'elle les énigmes de cet album ?

Sortie du tome 1 en février 2014

Copine marrante, râleuse ou fofolle… Si ça se trouve, vous faites partie des cop's de Jessica sans même le savoir ! Ça vaut le coup de vérifier dans cet album...

1 tome

Qui se ressemble s'assemble… Une allure fière, un aplomb sans limites, une blondeur partagée et un humour de tous les instants : Zoé et son poney Pataclop sont les meilleurs amis du monde.

3 tomes

Bienvenue à Hawaï ! La température est idéale pour se jeter à l'eau et partager le quotidien de Cassandra et de Dolphie, son dauphin apprivoisé.

2 tomes

En compagnie des Sisters, découvrez 11 races de chiens au poil ! Grâce aux conseils d'un vétérinaire, vous saurez sur le bout des coussinets comment s'occuper au mieux d'un toutou.

1 tome

C'EST QUAND, C'EST QUAND, QU'ON COMMENCE À CUISINER WENDY ???
CALMOS, PAPILLON, LE BOUQUIN NE SORTIRA QU'EN JUIN 2014.
ET C'EST VRAI QUE DEDANS Y AURA PLEIN DE RECETTES, DES BD, DES DESSINS, DES ASTUCES, ET TOUT, ET TOUT ???
ÇA, TU VERRAS BIEN, HÉ HÉ !
FARINE